こころのビタミン講座

〝幸せみつけ〟17の処方箋

薬剤師・NHKカルチャー心理学講師
占部千代子著

はじめに

あなたは、今幸せですか？　そして毎日充実していますか？

この本では、あなたに、人生を思いっきり愉しんで、もっと幸せになってほしいと願い、手軽に（たとえば5秒で）できる行動習慣の工夫や、とっておきの方法をお伝えしています。

対人関係で悩んだり、自分に自信がなくなったり、今までのことを悔やんだり、自分の生き方に迷ったり……時に誰でもいだく、ちょっとしたモヤモヤを、……「**あっそうか!!　こんな取り組み方があったんだ!!　やってみよう!!**」とすぐに始められて、スカッと解決できます。

多くの方の人生を変え、私の人生も変えた、アイデアいっぱいのオリジナル処方が満載です内容は、三部構成で、どれも大脳生理学や、心理学などをベースに考案したものばかりです。

一部は〝一般処方～毎日実行するといいプログラム、二部は〝タイプ別処方～必要に応じて取り入れましょう〟、三部は、〝スペシャル処方～「たおるマジック®」〟です。ピンときたものから、どんどんチャレンジしてみましょう。

また、二部では、「視点ポイント」「魔法の言葉」をつけていますから、〝こんなとき、どう見るの？　忘れたときの魔法の言葉は？〟といつも持ち歩いて役立ててください。〝幸せみつけ〟のスペシャリストになれます。

〝行動習慣が変わる→思考習慣が変わる→人生が変わる〟

私は、薬剤師、心理カウンセラーとしてたくさんのクライアントさんをサポートしてきました。

また、～人が輝く！　人生が変わる！～「こころのビタミン講座」も、テレビや新聞などさまざまなメディアにご紹介いただき、おかげさまで３００回を超えました。**「わかりやすく楽しく学べた」「すぐできる」「もっと長く聞きたい」**などとうれしいお声をいただいています。

本書では、講演の中では伝えきれないことを、テーマを増やして紹介しています。

一方、年を重ねるというのは不思議なもので、若い頃には感じなかった人生の醍醐味も味わえるようになり、年齢は勲章かも……と感じながら、人生の先輩としても、次の世代に伝えたい想いがフツフツと湧き出ています。

このような、仕事と私自身の体験をこめた、温かい〝こころの本〟が誕生することは大変うれしいことです。

この本を、手に取っていただいたご縁に感謝し、あなたの〝幸せみつけ〟やポジティブ習慣の、お役に立てることを願っています。

〜人生は今日の時間の積み重ね
今日どんな気持ちで過ごすのか
あなた次第……　笑って　笑って……
幸せがたくさんみつかりますよ〜

占部千代子

目次

本文イラスト・占部千代子

®は商標登録済

1

一般処方～毎日実行してみましょう

身体を鍛えるには**筋トレ**があります。
脳の活性化を目指すには**脳トレ**に励めばいい。
心をポジティブにするには**心トレ**。
聞きなれない言葉かもしれませんが、心だってトレーニングが大切です。
この章では**心トレの処方箋**をお教えします。

1分でできる、心トレです。
ひとつからでいいのでチャレンジしましょう。
普段の生活の中に、ちょっと取り入れてみると
1か月もすれば、
いつの間にか笑顔になり、幸せがたくさんみつかります。
ポジティブな思考習慣になれます。

ワクワクしませんか？　継続は力なりです。

めざめストレッチ　～いい一日を作り出す

あなたの朝は、どのようにやって来ますか？

仕事がハードで、睡眠不足の朝は、起きるのがつらいときもありますが、大丈夫、大丈夫。

しばらくは、ウーン、ムニャムニャ……ボーッとしていても……（朝だ、目が覚めた！）と思考回路がまわりだしたら、その瞬間が大切。覚醒した瞬間にチャンスがあるのです。

朝一番のポジティブな習慣は、めざめの瞬間の1分間です。

効果は抜群、気持ちいい1日の始まりは自分で作り出すことができます。

たった1分でできる、〝**めざめストレッチ**〟をご紹介します。

めざめストレッチ

お布団の中で、（目が覚めた!!）と気がついたら、――それは、

ホントに有難いことです。今日という時間をいただいたのだから……。その上、どんな気持ちで過ごすのかも、あなたの自由です。明るい気分で過ごすか、反対に昨日のことを引きついで暗い気分で過ごすか、選択権は、あなたにあります。どちらに進みますか。

いわば、**あなたは気持ちの操縦士です**。

さあ、今日も元気に明るく、ポジティブに過ごしましょう。

❶お布団の中で、寝ころんだまま……両手を頭の上に伸ばして、思いっきり背伸びをします。

❷大きな声で「おはよう〜!!　今日も気持ちいい日だ〜!!」

❸両手で、顔全体やさしく包み込むように撫でてあげると、表情筋ケアができます。

「今日も笑顔で〜!!」

❹最後は、リンパの流れを助けます。片方ずつ、耳から首筋を通って鎖骨のツボ（くぼみ）に流してあげましょう。

❺右の手では、左耳を通って左の鎖骨のツボに、左手では右耳を通って

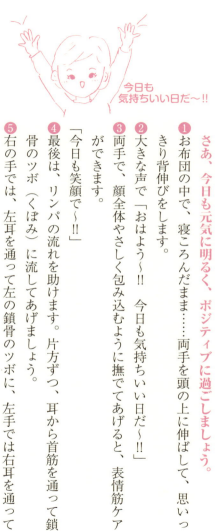

右の鎖骨のツボに流します……ハイ、これで終わりです。

もちろん、ゆとりがある日は、たっぷり時間をかけてあげましょう。

そして、家族には、思いっきりの笑顔と大きな声で、「おはよう!!」と挨拶。

職場でも、満面の笑顔と大きな声で「おはようございます」と挨拶。これで、スタートはパーフェクトです。

リンパマッサージ法では

鎖骨のツボである、鎖骨リンパ節は、リンパの出入り口になっており、リンパマッサージの基本です。

続けてみましょう。リンパの流れがよくなります。

幸せホルモン・セロトニンも、どんどん分泌されるようになります。
友達が「若々しくなったね」と気づいてくれます
〝めざめストレッチ〟、心も、身体もスッキリします。

もちろん私もずーっと続けています。
忘れないでくださいね。**気持ちの操縦士はあなたです。**
ポジティブ習慣は、こんな小さな習慣の積み重ね。
1日を明るくスタートする習慣は、ほんとに気持ちいいものですよ。

エアーサプリ・笑笑丸《にこにこがん》 ～毎食前服用しましょう

笑う門には福来る。笑顔の力は、無限大です。

笑顔でいると幸せになったり、免疫力がアップしたり……とその効果は、科学的にも証明されています。

しかし、朝はりきって、出かけても、いつの間にか笑顔を忘れてしまうこともあります。

そこで考えついたのが、食事のたびに笑顔になれるスゴイ方法です。

薬剤師、占部は、ユニークなサプリメントを思いつきました。

1日3回食前にエアーサプリ・〝笑笑丸〟を服用しましょう。

効き目は抜群。どんな雰囲気も打ち破り、
みんなが笑顔で食事ができる、
たった3秒で飲める魔法のサプリ。

笑笑丸をご紹介します。

エアーサプリ・笑笑丸

正《せい》露《ろ》丸《がん》のように丸い薬ですが、想像上の薬です。心の目に見えるエアーサプリです。

（最近流行のエアーギターの演奏みたいなものだと想像してください）

笑笑丸は、自分で簡単につくれます。

処方箋を見ながら、笑笑丸づくりにチャレンジしましょう。

❶ ♪〜ニコニコガン〜♪リズミカルに歌いながらにこにこしながら両手を軽く曲げて開く。

❷♪～丸めて～♪両手を前にもってきてお餅を丸めるように丸剤を丸める。

❸♪～ポン～♪と口に軽く入れてニコニコしながらいただく。

楽しみに覚えてくださいね。これを1日3回です。

家族みんなで食前に「いただきます」に合わせて、笑笑丸も丸めてポンと飲んで、それから食事を始めると、より楽しくおいしい食事タイムとなることでしょう。

食卓を笑顔で囲めるのは、本当に幸せですね。

《薬剤師によると》

病院で処方されるほとんどの薬は食後に飲みます。それは、化学的に合成された薬なので、胃に負担がかかるからです。ですから、胃のためには、食後服用が望ましいのです。
ところが、漢方薬は食前服用とされています。これは、漢方薬は自然の生薬《しょうやく》の組み合わせでできているので胃に負担がかからないものが多いからです。食物が胃に入る前の空腹時のほうが、お薬が吸収されやすいので、食前に飲んで、よく効いてもらうためです。

ですから漢方薬の食前服用を忘れたら、食後でも、思い出したときでもいいので、飲んだほうがよいです。

笑笑丸も同じです。飲み忘れたら、いつでも、どこでも丸めてポンと飲みましょう。そして大いに笑いましょう

実際の笑笑丸の処方箋もあります。家に常備しておける薬袋入りと携帯に便利な箱入り（マッチサイズ）の2タイプです。

笑顔を忘れていると気がついたら、笑笑丸を丸めてポン!!

笑顔習慣は大切です。ポジティブ習慣の基本中の基本です。

いつも笑顔習慣は、ホントにいいものですよ。

※前著『笑顔は神様からの贈り物——人生を変える魔法の心理学』にも詳しく紹介しています。

お風呂セラピー　~自分に「ありがとう」の習慣を

ポジティブ習慣になるためには「ありがとう」をたくさん言いましょうとか、「感謝しましょう」とか言われます。わかっていることですが、ついつい忘れてしまうことも……。

そこで、**「ありがとうのルーチン化」**を思いつきました。ルーチン化というのは、決まった手順のことです。食事するときに「いただきます」と挨拶するように、お風呂に入るとき、「足さん、ありがとう」と挨拶をする新しい習慣を作ったらどうでしょう。

グッドアイデアです。

今日1日頑張ってくれた、自分の足に、自分の身体に、お風呂で「ありがとう」と言葉をかけながら洗ってあげる。これを〝お風呂セラピー〟とネーミングしました。

お風呂セラピー

足さんよ、お前さんは本当にすごいねえ。

考えてみれば、毎日50キロの身体を支えながら、おおよそ５０００歩も歩いているのだから……。過酷な重労働を、頑張って耐えてくれてるなとあらためて思います。

ぬるめのお湯に、ゆっくり入って、１日のことを思い出しながら、やさしくなでるように身体を洗ってあげましょう。足の指も１本ずつ丁寧に洗ってあげましょう。

シャボンの泡をいっぱいつけて**「ありがとう」と言いながらお風呂セラピーする**と、自分のことがいとおしくなり、感謝の念が自然に湧き出してきます。

ポジティブになれる、おすすめセラピーです。

《入浴法こぼれ話》

入浴は、疲れが取れたり、清潔になったり、美肌になったり、その効果はたいへん大きいものです。しかし入浴温度により、自律神経に及ぼす影響は、全く違ってきますから、知っておきましょう。

ぬるめのお湯（38度前後）では、副交感神経が優位になるので、ゆったりした気分になり、リラックスし、ストレス解消になります。

高めの温度（41度以上）では、交感神経が活発になるので、新陳代謝がさかんになりスッキリ、リフレッシュできます。仕事前におすすめです。

くれぐれも、夜のお風呂セラピーは、ぬるめの温度で、リラックスしましょうね。

我が家のほのぼのエピソード

帰省してくれた孫のお風呂は、お祖父ちゃんの何よりの楽しみです。

お風呂場から、歩き始めた1歳の孫に話しかける声が、聞こえてきます。

ぷくぷくのアンヨをやさしく撫でながら、

「オウオウ、このアンヨが、今日もたくさん歩いてくれたね。いろんなところに行けたね。ヨシヨシ、アンヨにありがとうと言いなよ。」と。

赤ちゃんが、つかまり立ちから、突然手をはなし、2、3歩歩いた瞬間は、「あっ!! 歩いた!!」と大騒ぎになり、忘れられない感動です。

でも、ほどなくとすると、歩けることは当たり前になっていて、感謝を忘れてしまいがち。足には感謝ですね。


数年前、母が、腹水が溜まって寝たきりになったことがあります。

主人が、脳梗塞で歩けなくなったことがあります。

歩けることに感謝です。幸せです。

当たり前のことに感謝できるようになると、ポジティブ習慣も上級クラスです。

毎日、自分にありがとうと言える習慣は、本当にいいものですよ。

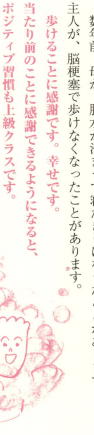

「たった5文字のよかったノート」
～感謝して眠りにつく

あなたは、1日の終わりに、どんなことを考えながら眠りにつきますか?

お布団に入る前に、気持ちいいこと……嫌なこと……今日もいろいろあったけど、

「ありがたいなあ」と感謝で終われると幸せですね。

そんな、ポジティブ習慣を、身につけましょう。

寝る前のポジティブ習慣は、5秒でできる「よかった」と書く習慣です。

早合点しないでね。よかったことを書き出さなくていいのですよ。

毎日、毎日、たった5文字、「よかった」と書くだけです。それだけで、究極のポジティブ思考になれる、

「**たった5文字のよかったノート**」を紹介しましょう。

たった5文字のよかったノート

❶まず、かわいい小さな手帳を用意します

表紙には「よかったノート」と書きます。

❷さあ、初日は、今日の出来事を思い出しながら、（いろんなことがあったなあと考えながら……）**〝よかった〟**とだけ書きます。

❸2日目、その日のできごとを思い出しながら、（いろんなことがあったなあと考えながら……）**〝よかった〟**とだけ書きます。

❹3日目、同じように、**〝よかった〟**とだけ書きます。

何がよかったのか。もうおわかりですか。

今日1日、いろんなことがありました。しかしながら、大変なアクシデントや、大したトラブルもなく、たくさんのことができ、おかげさまで無事に1日を終えることができました。

だからまとめて、〝よかった〟と書いて心の中で〝ありがとう、素晴らしい一日だった〟と感謝しましょう。


とにかく、毎日毎日、よかった。

と書いているだけなのに、不思議なことに早い人では1週間もすると、自分の中に変化が起きてきます。本当に、ワクワクすることや、ラッキーといえることに、どんどん気づくようになります。

そうです、よかった事に気づく感度が良好になってきた結果です。

例えば、今日は、青信号でスルスル行けたとか、お買いもので思わぬ掘り出し物を見つけたとか、街で知り合いにバッタリ会ったなど……。

やがて、よかったことがどんどん書きたくなって、よかったことであふれるようになります。 1か月継続がおすすめです。

よかったことをたくさん気づけるようになり、幸せホルモンもいっぱいでてきます。心もウキウキ笑顔もいっぱい、瞳も輝いて、お肌もつやつや、ポジティブ習慣が身についていきますよ。

このノートを思いついたキッカケをお話しします。

今まで、よかったノートの挫折組をたくさん見てきました。「よかったことを書いてください」と書き始めて、面倒くさくなった人たちの原因は、なかなか「いいことが見つからない」ことです。

多くの人は、「別段変わったことのない、いつもと一緒」「仕事と家の往復で、忙しすぎて、よかったことなんて起こるはずがない……」「毎日が家事と育児に追われ、全く書くことが見つからない」といった会話。「いいことを見つけましょう」は、どのポジティブ思考の本にも書いてあることですが、そもそも、見つけることがむずかしいのだ!!ということ。そこで思いついたのが**毎日5文字だけ書く「たった5文字のよかったノート」なのです。**

1か月のプチ修行と呼んでいますが、やった人は、ほぼパーフェクトに考え方、物の見方が変わり、表情が変わり、人生が変わり始めます。

プチ修行、滝に打たれるより簡単でしょ!!　体質改善だと思ってチャレンジしてみませんか?　ポジティブ体質に変わります。

《心理学によると》

心理学用語に〝ポリアンナ効果〟という言葉があります。

〝ポリアンナ〟は、児童書の主人公です。不幸な境遇にあっても「よかった探し」の名人で、明るく成長してゆく姿は、テレビでも人気の番組でした。

「書かれた言葉は、ネガティブな言葉より、ポジティブな言葉のほうが、影響を及ぼす」という意味で使われるようになりました。

めざすポジティブ体質は、まさに、〝ポリアンナ〟のことです。

〝魔法のよかったノート〟にチャレンジして、〝幸せみつけ〟の名人になりましょう。

1日を感謝の言葉で終わる習慣は、本当にいいものですよ。

2 タイプ別処方〜必要に応じて取り入れましょう

近頃なんだか、モヤモヤして、心が晴れないなあ……。と感じるとき
その大きな原因として2つあげられます。
〝自分のこと〟と**〝対人関係〟**です。
この章では、2大テーマを解決できるように、
心の状態をタイプ別に分けて取り組みました。
〝自分・過去・現在・未来〟に分けています。
問題はこれだ!!と思うところを見つけて、
チャレンジしましょう。
思考習慣が変わりポジティブ思考になれます。

2

自分に自信が持てないとき、
自分を受容できるようになります。
命の大切さを伝え、性格についての見方を変えます。

命のパスポート　～母の愛を知る

あなたは、自分のことが好きですか？　自信を持っていますか？

それとも、ついつい他の人と比べて、劣等感を感じたり、
どちらかというと、短所が気になるほうですか？

それはもったいないことです。

あなたの命が、どんなに素晴らしいか、命のことを、もっと知ってあげましょう。

自分のことが、いとおしくなり、自己肯定できるようになる最強のアイテムがあります。

誰もが持っている命のパスポート、母子手帳です。

母子手帳に込められた、お母さんの愛を感じることができれば、必ず、
自分のことがいとおしくて、大好きになるはずです。

母子手帳と対話する

「母子手帳」をそっととりだして、優しくページをめくってみましょう。お母さんの温もりが伝わってきて、じんわりと胸が熱くなりますよ。

あなたの「母子手帳」それは、あなたという命が、お母さんの胎内で育まれた証。あなたがこの世に誕生する前から綴られていて、まぎれもなく胎内での10か月間、慈しみ育んでいただいた尊い命の記録なのです。そして生まれてからも、予防注射や、ワクチン、検診の状態など、大切に育てていただいた愛の記録でもあるのです。

お母さんの、一生懸命育ててくださっている姿が、想像できますね。息遣いまで、聞こえてきそうになりませんか。

自分のことを大好きになったら、たまには、自分で自分をハグしてあげましょう。

自分で自分の頭を、ヨシヨシしてあげましょう。

私には、３人の子供がいます。妊娠がわかり母子手帳を発行していただくときには、まだ見ぬ小さな命が、自分の胎内にやどったことの、愛おしさ、喜びとうれしさ、責任感……複雑な思いを今でも覚えています。

母　占部千代子　と記入してあるページを、うれしくて何度も見たことも覚えています。

母子手帳は、初めてパスポートを手にしたときのワクワク感と似ています。

余談ですが日本では、当たり前に発行される母子手帳。海外では、このような手帳はなくて、検診記録も、パソコンから出力されるデータを１枚、渡されるだけです。アメリカ在住の娘のために、やっとのことで、日英、２か国語母子手帳を購入して、送りました。

母子手帳は、命への畏敬《いけい》のようで、日本って、なんだかいい国だなあと思いませんか？

受精＝チャンピオン誕生!! の図

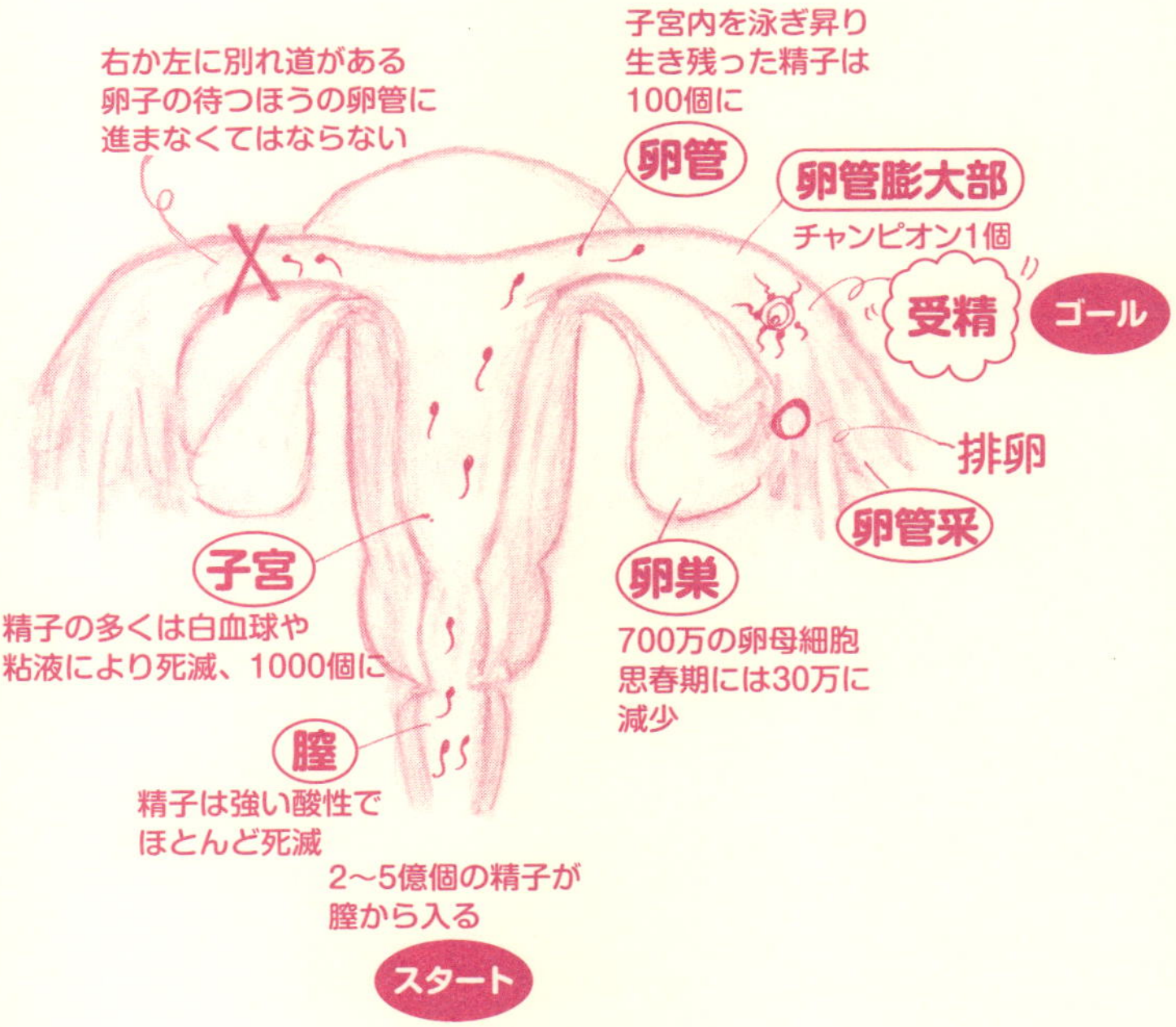

《生命科学によると》

あなたの命の始まり＝受精もまた神秘的なことがいっぱい。

受精は、お母さんの胎内に入った精子たちの、命がけのサバイバルレースなのです。

人間の身体は、本来自分の命を守るために、自己防御機能をそなえています。万一、細菌やアレルギー物質など、異物が体の中に侵入したと感知したら、とにかくあらゆる手を使ってその異物と戦ってとことんやっつけるようにできています。

ですから、お母さんの身体の中に入った5億匹の精子も、当然ですが、大量の侵入者たちとみなされて、徹底的にうちのめされるのです。

5億匹でスタートしたレースが、ゴールにつく頃には、100匹しか生き残っていない。ゴールには、運よく成長した卵子がいれば、ラッキーにも、受精できるチャンスです。この卵子も、実は600万個の卵母細胞の中から、たまたま卵子に成長できた超幸運の卵です

最後は、生き残った精子が、一斉に卵子を取り囲み、我こそは透明膜

を溶かそうとはげしい酵素分泌合戦が繰り広げられます。

ついに、受精の瞬間。最強の1匹の精子が卵子の膜を通過すると、その膜は、一瞬で性質を変え、ほかの精子は決して入り込むことはできなくなってしまいます。

5億匹の中から勝ち残った、最強で最高に運のいい精子、まさにチャンピオン精子とラッキーな卵子の奇跡の出会いこそが、あなたの命のはじまりです。

でも、実はこのときは、まだ誰も妊娠には気がついていないのですよ。2か月くらいして、ようやく（もしかして、妊娠？？　おめでた？？）と、お母さんが気がつくのです。

精子と卵子がめぐりあい、成長して、成長して……10か月たち、……

「ウーン――生まれるぞ!!」

「オギャア!!」……「おめでとうございます!!」

誕生日には
「お母さん、ありがとう〜♡」

私が開いている自分史講座では、
人生のターニングポイントなど、いくつかの質問をしながらすすめていきます。

「今までの人生で一番感動深かったことは何ですか？」

と尋ねると、世の母たちからは全員「子供を産んだときです……」と答えがかえってきます。

私もそうです。何年たっても、昭和50年、53年、56年、子供たちを産んだ日のことは、鮮明に記憶しているものです。母の愛は海より深し……。


あなたの誕生日を、ステキな命のセレモニーにしませんか!!

お母さんに「ありがとう」の感謝のことばと花束を贈りましょう!!

●視点ポイント　母の気持ちになってみる
●魔法の言葉　「私の命は　5億匹から選ばれた、チャンピオンなのだ」

性格のコーティング　～ほめられ上手になる

「自分の性格は好きですか？」と尋ねると「短所ばかりで長所が見つからない」とか、「性格嫌い」「性格を変えたい」とネガティブな意見のほうが多くきかれます。

性格を変えたいと思っている方に、おすすめの、いつでも笑顔でできる楽しい処方箋をお伝えします。それは、**ほめられ上手になり、「ありがとうございます」といって〝ほめ言葉キャッチ〟をする**ことです。

すると、その言葉どおりになれるのです。さりげなく、ほめ言葉をキャッチするやり方を、お話しします。

ほめ言葉キャッチ法

例えば、よくある普段の会話もこんな感じです。

「占部さんの笑顔、ステキですねえ……」

ニッコリ微笑みながら「そうですか、ありがとうございます」

「キラキラ輝いていて、ハツラツとしておられますよ……」

「まあ、ホントにうれしいです……!!」

大切なのは、**家に帰ってから、思い出して復習する**ことです。家に帰って、鏡を見ながら、(今日笑顔をほめていただいた!!……うれしかった!!……)と、ほめていただいた言葉を思い出してみましょう。

鏡の前のあなたも、また、また、うれしさがこみあげて、笑顔になっているはずです。

毎日の心がけが大切です。**素直に受け止めて、自分のものにしつづけると、**性格も、印象もみごとに変わっていき、明るく、ポジティブになってきます。

よく言われることですが、日本人は、奥ゆかしさを良しとし、謙遜を美徳とする国民で、贈り物をするときも「つまらないものですが……」というへりくだった言葉を添えます。また、心からほめても、かえってくるのは決まって、手で、さえぎりながら……「イヤイヤ、そんなことはありません……」とみごとにうち消されてしまいます。ほんとうに、せっかくほめているのに残念なことです。ほめられているのに、もったいない話です。

今日からは、**ほめられ上手になって、うれしい言葉や、ほめ言葉を素直にキャッチしましょう。**そのように見ていただいたことにも、感謝しましょう。

新鮮な感覚だと思いますが、ほめたほうも、打ち消されるより、喜んで受け入れてもらうほうが気持ちいいものですよ。ぜひ、実感してみてください。

《性格心理学によると》

性格の構造は、生まれながらの気質とその後に形成される性格（狭義）からできた層構造になっています。中心の、核の部分は、両親から受け継いでいるＤＮＡなど生まれつきのもので変わりませんが、成長と共に層状に形づくられていく性格（狭義）は、変えることができます。

性格は、バウムクーヘンのようなものと想像してみましょう。最後の仕上げはコーティングです。コーティング素材が、ほめ言葉です。

自分に向けられたほめ言葉を、捨ててしまわないでありがたくキャッチして、〝ステキな人〟にコーティングしていきましょう。

もともと、チャンピオンの命です。クオリティーを上げて極上の逸品にしましょうよ。

〝こうなりたい〟人を目標にして毎日過ごすと、そのようになってきます。

性格を変えると、行動が変わる。
行動が変わると習慣が変わる。
習慣が変わると、人生が変わる。

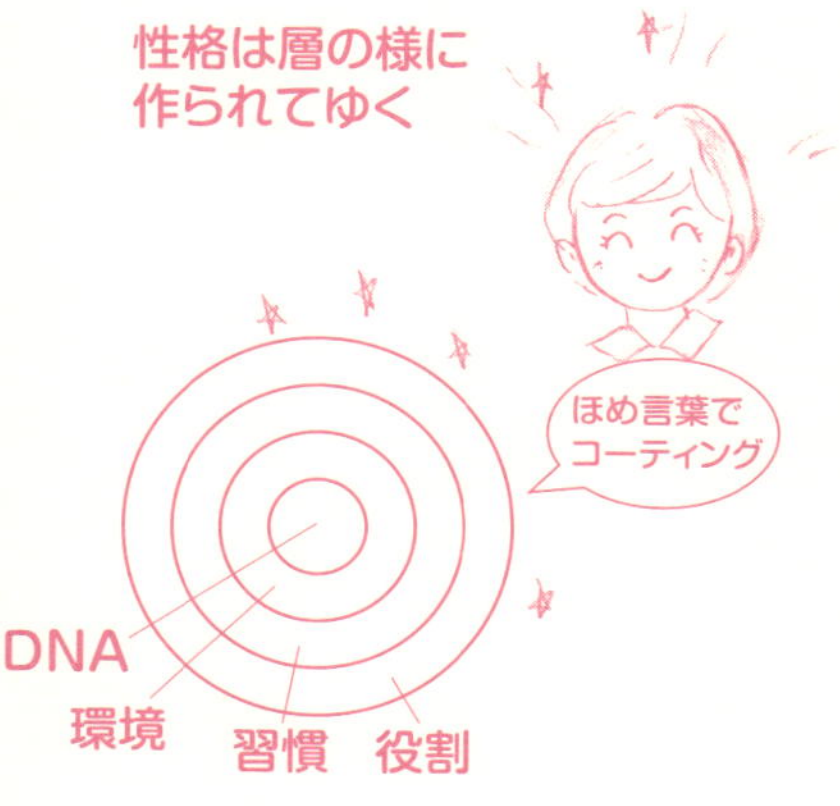

私も以前は、ほめ言葉を打ち消す「イエイエ派」でしたが、今では、〝ほめられ上手〟のエキスパート。

たくさんの受講生にも、〝ほめ言葉キャッチ法〟を、徹底的に教えました。

「先生のおかげで、人生が変わりました」と多くの方から感謝の声をいただいています。

● 視点ポイント　性格は変えられる

● 魔法の言葉　ほめられたら↓「ありがとうございます、うれしいです」

思い込みのラベル　～個性のラベルを作る

自分の性格の、短所ばかりが気になる方は、知らず知らずのうちに人生大きな損をしている、と思いませんか？

自分の性格を丸ごと認めて、自分と寄り添いながら、ポジティブになりましょう。

自分の性格を、短時間でポジティブに変える、抗生物質のような処方箋「ラベルワーク」を紹介します。抗生物質という薬は、病原菌にピンポイントで作用し、数時間で効きます。効き目は、即効。みごとに短時間でポジティブに生まれ変われます。その結果、自分を大切に思い、自分を愛してあげることができるようになります。

このワークは、時間があるときに、ゆっくりと1時間くらいかけてみましょう。

新しい自分に、生まれ変わることをイメージしながら……。

ラベルワーク

エントリーシートを思い出しましょう。

私たちは、今まで自分の性格の欄に、長所と短所と書いて自己分析をしてきました。

今回のラベルワークでは、**性格を、全く新しい方向から見ていきます。**

そして新しく、**〝個性のラベル〟**を作ります。

ウララさんの性格をモデルケースにして、すすめていきます。

次の頁の表をご覧下さい。

ラベルワーク　（モデル　ウララ）

❶ こんな分析をしラベルを作っていました。

ウララさん

短所が
気になる

短所

おおざっぱ
飽きっぽい
せっかち

長所

真面目
頑張り屋
素直

❷ 短所の言葉を
ポジティブな言葉に
おきかえる

おおらか
理解が早い
スピーディ

長所は
そのまま使う

❸ さあ、新しい
「個性」のラベルを
作りましょう

個性のラベル

おおらか　　真面目
理解が早い　頑張り屋
スピーディ　素直

生まれ変わった
ウララさん

いい
感じ！

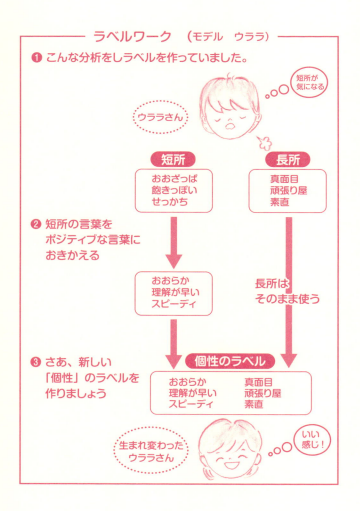

新しく作った「個性のラベル」が今日からのウララさんの「性格」になります。ウララさんの印象が変わりました!! まるで別人のようですね。

《性格心理学では》

自分の性格は、自分はこんな人間だと思っているイメージに過ぎないのです。

〝自己像〟とか、〝セルフイメージ〟といいます。

しかも、不思議なことに、そのセルフイメージどおりに行動するともいわれています。

個性のラベルワークは、ぜひ取り組んでみましょう。

〝短所〟というウイルスに効く、スペシャルな抗生物質なのですから。

結果、こころも、からだも甦り、セルフイメージがグーンとよくなります。

その瞬間から、自分のことが「いとしい人、愛すべき存在、大切な命」に思えてきます。

自分を、受け入れてあげられるので、「自己受容」ともいわれます。

性格は、丸ごとOKと認めてあげましょう。

もう一度言いますよ‼　性格は変えなくていいのです。性格を表現する言葉を変えるだけでいいのです。〝幸せみつけ〟の第一歩。

ウララさんは、私自身のことです。

個性のラベルを貼り替えてから、私は、自分のことを受容することができました。

劣等感もなくなりました。

自分の好奇心を全開にし、興味があることを、どんどん学んでいくようになり、仕事にも活かすことができています。

あなたもぜひ次の表を参考にしながらご自分の個性のラベルを作ってみましょう。生まれ変わった気分になれますよ。

ネガ→ポジ　置き換え表

ネガティブ	ポジティブ
●八方美人	●周りの空気が読める
●飽きっぽい	●卒業サイクルが早い
●おおざっぱ	●おおらか
●モノを捨てられない	●モノに愛着がある
●すぐカッとなる	●正義感が強い
●口べた	●聴き上手
●神経質	●こまやか
●おっちょこちょい	●スピーディ

●視点ポイント　性格はポジティブな言葉で表す

●魔法の言葉　「個性のラベルがこれからの私」

2

過去を繰り返し悔やむとき、
できごとのとらえ方が変わります。
過去肯定の方法をお教えします。

繰り返し悔やむ〝タラ・レバ症候群〟〜つぶやいて気づく

過去のことを思い出して、「ああでもない」、「こうでもない」と考える……。それが取り返しのつかない大変な出来事であればあるほど、頭の中で堂々巡り、何度も思い出しては、後悔することしきり……。

そんなときの処方箋は、**とにかく今思っていることを、声に出すこと。**

声に出して、つぶやくことです。〝つぶやき作戦〟と呼びましょうか。

『(……・タラ……・レバ……) とまた考えています。』とつぶやく……。

相手がいれば、聞いてもらうこと(アドバイスを求めず、傾聴してもらうだけ)。

話すことで、〝タラ・レバ〟に気づきます。

つぶやき作戦

〝タラ・レバ〟は自己啓発の勉強会などでよく使われる言葉です。忙しくてがむしゃらなときは忘れているのに、時間があるとふと考えてしまう……。

もしあのとき、○○していなかっタラ……。

もしあのとき、○○してレバ……。

別の選択肢もあったのではないかといろいろと考えをめぐらしてしまう……。

そうそう、そんなことあるある……。なんて安心してはいけません。〝タラ・レバ〟は早期発見・早期治療が望ましいのです。

- まず**早期発見**で癖に気づく

癖はなかなか直りませんが、そんなときは、**〝つぶやき作戦〟**。「**アッ!! また過去を見てる……**」と声に出します。大切なのは、つぶやいて、気がつくこと。大丈夫、大丈夫。

●次に**早期治療**で過去はすべてＯＫに!!

〝タラ・レバ〟の治療は、**〝心の目〟**の治療です。

心の目が、どの時（いつ）を見ているかということです。

過去のできごとを見ることから卒業し、現在の状況が見られるように心のトレーニングをします。

❶～❸で進めます。

❶**過去を受けとめる。**

「～タラ・～レバ」といくら悩んでも、いくら後悔しても、時間を巻き戻し、過去にさかのぼって別の選択をし、やり直すことはできません。〝過去消しゴム〟も〝過去リセットボタン〟もありません。**だから、過去の事実は、そのまま受け止めます。**

↓

❷つぎは、**現在の状況**に着目します。

その出来事があった後も、あなたは、なんだかんだと、いろいろと頑張って、その積み重ねのおかげで、今の状況になっている。こうして、今ここに元気でいる――。

それって、ブラボー!!　素晴らしいことですよ!!　――**今をOKと認めます。**

❸ステップ3　いろんな選択をしながら、現在にたどりついているわけで、過去から現在に続いていることを全部認めて、**「過去は、すべてOK!!」**　❀ハナマルをあげましょう。

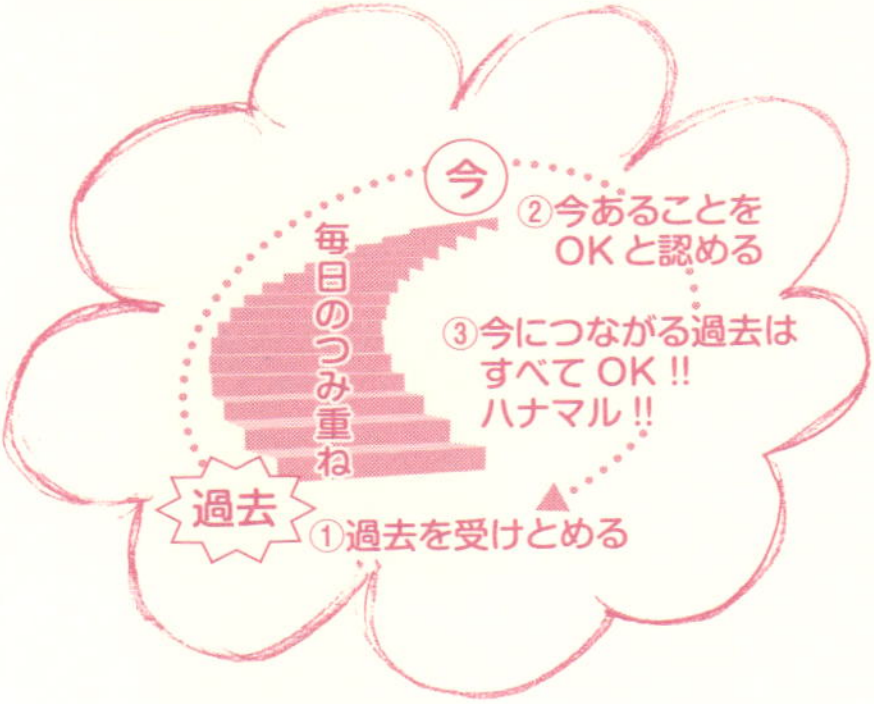
今
②今あることをOKと認める
毎日のつみ重ね
③今につながる過去はすべてOK!!ハナマル!!
過去
①過去を受けとめる

《コーチング理論によると》

人は、声には出さないけれど、1日およそ6万語の言葉を使って、考えたり、感じたりしています。

1人ではなかなか考えが整理できないときは、声に出して話すことで、その自分の声を聞いて、気づいたり、整理できたり、方向性が見つかったりします。これを**オートクライン**と呼びます。

タラ・レバ症候群にも、〝つぶやき作戦〟が効力を発揮します。声に出すことで、過去の悩み癖に気づき、過去肯定、現在肯定できるようになります。


人生は、生まれてから、亡くなるまでの、限られた時間。

人生は長くて100年、選択の連続。

「幸せになりなさいよ」とプレゼントされた時間ですから、幸せになることに、使いましょうよ。

● 視点ポイント　〝過去の出来事〟事実を認める
● 魔法の言葉　「過去は、すべてOK〜!!」

問題解決は「俯瞰《ふかん》」マジックで
～「鳥の目」になって見る

困ったとき、落ち込んだとき、迷ったとき、解決策をうまく見つけだせたらいいなあと、誰しも考えます。そんなとき役立つ処方箋。

それは、物事の全体を客観的に見る、〝俯瞰力〟というスキルを養うことです。

俯瞰力は、高いところから見た様子を、想像する力、イメージする力です。

俯瞰力は、ミニ瞑想《めいそう》で養います。

俯瞰力がつくと、困ったとき、落ち込んだとき、迷ったときなど問題解決能力が、飛躍的にアップします。

俯瞰力を養う

俯瞰力を養うには、「鳥の目になれ」と唱えて2分間のミニミニ瞑想をしましょう。

ちょっと目を瞑《つむ》り、自分が鳥になって上からもう一人の自分を眺めていることをイメージします。イメージできたら、目を開けていいですよ。映像が浮かんできましたか？

練習をかさねると、想像力が身について、やがて目をつむらなくても「鳥の目」になって、状況がイメージできるようになります。俯瞰できるようになったということです。

《広辞林では》

ふかん［俯瞰］スル　高いところから見おろすこと。

［――図］上から見おろしたように描いた地図。鳥瞰図。鳥目絵（とりめえ）。

と出ています。

この俯瞰する力は、問題が起こったときの解決能力だけではなく、他にもたくさんの分野でとても大切なスキルとしてとりあげられています。

たとえば、

一流のスポーツ選手は、誰でも俯瞰力をそなえています。緊張した試合で、（自分が緊張している……）、とドキドキしている自分を、もう一人の自分が鳥の目で上からみおろします。すると会場の全体の様子が俯瞰できます。相手の選手も緊張しているとか、たくさんの人が声援を送ってくれているとか……。するとよいメンタルを保って試合に臨めるわけです。イチロー選手や、羽生選手のコメントに、「もう一人の自分がいて……」などというフレーズがよく出てきますので、注意して聞いてみましょう。

私自身も転職を考えたときに、人生を俯瞰しました。以前、たずさわっていた会社の方針は〝仕事とは、自分の夢を叶えるための手段であり、仕事を通して自分の人間力を培う〟でした。

そこで毎年海外研修旅行に参加しました。アメリカ、カナダ、イギリス、フランス、オーストラリア……。人間力を養うため、心理学、コーチングなどのセミナーや研修を受けました。現場を経験して研鑽を積み、大規模なセミナーやパーティーの運営なども経験しました。15年を経て、さまざまな環境変化もあり、今までやってきたことやこれからのことを俯瞰して、次のステージで頑張ることに決めました。

新しい人生の選択をし、講師として充実した仕事をしています。そのときに培った知識と経験が礎となっています。

● 視点ポイント　俯瞰する
● 魔法の言葉　「鳥の目で見よう」

自分がもう一人の自分を
見る（想像する）

立ち直りを早める、心のビタミンＡＢＣ
〜切り離して考える

誰でも、アクシデントにみまわれない一生はありません。ポジティブ思考の人とネガティブ思考の人の違いは〝立ち直りの早さ〟にあります。ネガティブ思考の人は、いつまでも引きずるけれど、ポジティブ思考の人は、立ち直りが早いということです。ポジティブ思考の人が知っている、**立ち直りを早め、元気になれる処方箋。〝心のビタミンＡＢＣ〟を紹介します。**

ここでは、心のビタミンＡＢＣのＡは何？　Ｂは何？　Ｃは何？　と、ひとつずつ切り離して考えていきましょう。

今回は、「切り離して考える」ということです。

心のビタミンABC

私たちの感情は、何らかの出来事がきっかけで生じます。

このとき、出来事が起きると、みんな同じ感情になるかといえば、そうではありません。

同じ出来事でも、人により感情はさまざまです。また、同じ人でも、状況によって、感情は変わるものです。そこで、「切り離して考える」。

と、つぎのようになります。

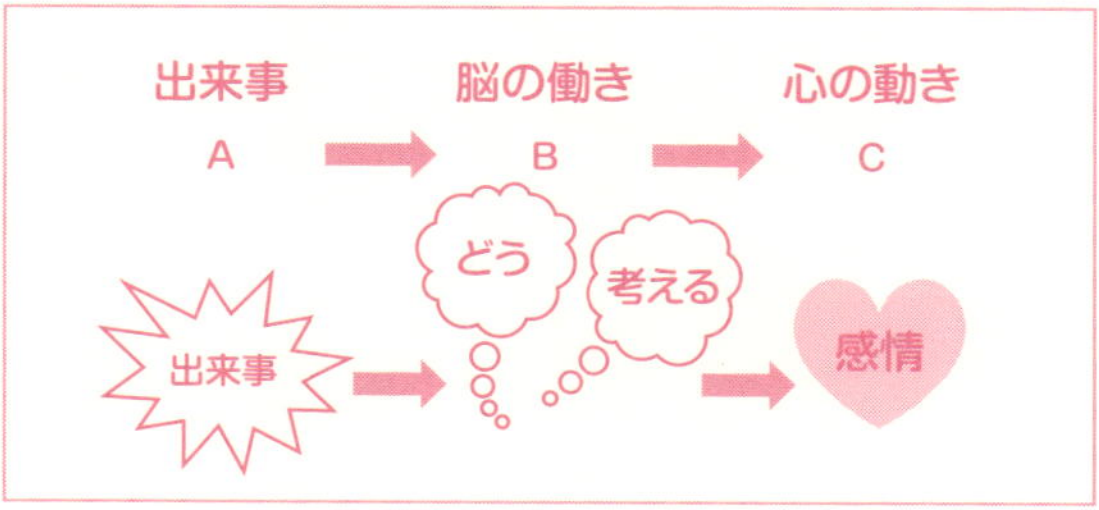

ある出来事（A）が起きたときに、脳（B）が考えて、心（C）が反応する。と考えます。

ところが、この反応は、速度がとてつもなく速いのです。

瞬時におこなわれますので、気がつかないほど速いのですが見逃してはならないBの働きがあるということです。

そして、B＝脳の働き（どう考えるか）によって、感情には大きな違いが出てくることになってしまうのです。

ポジティブな考え方を〝**ポジB**〟、ネガティブな考え方を〝ネガB〟と呼ぶことにしましょう。

ある出来事が起こったら、いつも、
ポジBは何？
どんな風に考えたら〝ポジB〟に
なれる？
と〝切り離して考える〟でポジティブな考え方を探しましょう。

安心してください。この〝**ポジB探し**〟は、いつまでもするわけではありません。

自転車に乗るのと同じで、練習すれば乗れるようになり、一生ものです。

身についてしまえば、探さなくても〝ポジB〟になっていますよ。

しばらくは、**ポジB探しの心のトレーニング**に励みましょう。

そうすると、アクシデントに見舞われたときも、ポジB（ポジティブな考え）をしてポジC（ポジティブな気持ち）になれます。早く立ち直れるという理論です。

同じ出来事でも、感情は天と地の差があることがわかりますね。こんなにも違ってくるのです。

ポジB探しが必要です。

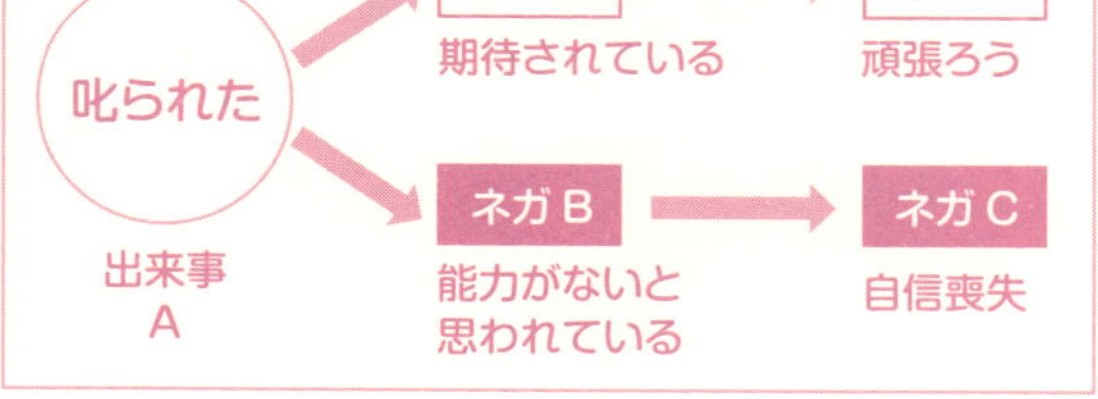

私もアクシデントにみまわれ、ＡＢＣ理論で立ち直ることができました。

出来事Ａ　初めての本「たおるマジック®」を執筆中、ハードスケジュールがたたり突発性難聴になりました。一刻を争う病気です。すぐに飛行機で東京に飛んで、最善の治療を試みましたが、治ることはありませんでした。

ポジＢ　私は、もともと突っ走りすぎるところがあるので、そろそろ自分の身体をいたわってあげなさいよというサインかもしれない、と考えました。

もしネガＢなら本を出版しなければよかったかなぁ…とくりかえし悔やみます。

ポジＣ　〝聴く〟という、コーチングや薬剤師の仕事は難しくなりましたが、残された〝話す〟ということで、自分らしい仕事をすることに決めました。

聞こえるということを当たり前のように思っていましたが、失って初めて、その有難さがわかりました。見えるということ、歩けるということ、当たり前のことに、感謝の念がわくようになりました。一日の無事を感謝して、床に就くのが習慣となりました。

《心理学者アルバート・エリスのＡＢＣ理論は》

心理的な問題や生理的な反応は、出来事そのものではなく出来事の受け取り方によって生み出されるものであるという理論です。

〝過去と他人は変えられない。自分と未来は変えられる〟といわれます。

ところが、このビタミンＡＢＣのとおり、**ポジティブＢの考え方を見つける**ことができると、当然ですが、**過去起こった事実は変わらないけれど、過去の意味合いは変わってきます。**

過去も、自分も、未来も変えることができるのです。

すべて、自分にとって、都合のよい方向に……。

いろんな問題解決に応用できる、万能薬のような考え方です。

●視点ポイント　切り離して考える

●魔法の言葉　「ポジティブな考え方は何？」

2

現在このままでいいのかと悩むとき
前向きな毎日が送れます。
「時間がない」「対人関係の悩み」「失敗したとき」を
解決します。

多忙を乗りきる　TO-DOリスト～付箋《ふせん》を使う

やらなければならないことがたくさんあると、

「忙しい、忙しい……忙しいので、何もできない……」が口癖になっていませんか？

やらなければならないことに追い回されて、やりたいことができない。

毎日が忙しく過ぎてゆく……。もったいないですね。

「できない人は言い訳を探す　できる人は、工夫を探す」

忙しい人にこそ喜んでもらえる、〝特別忙しい日のスケジュール管理法〟を紹介します。

最近は、スマートフォンなどでもできますが、わたしは、ずーっと、だんぜん手帳です。

TO-DOリストを付箋に書いて、手帳に貼る。そして、できた項目をチャッチャと線で消していく。

「忙しさ」が「達成感」に変わります。

特別忙しい日のスケジュール管理法

特別に忙しい日、1日の予定欄に書ききれない程、あれこれとしなければならないときの、とっておきのワザです。

【用意するもの】
手帳と付箋（ポストイット）です。

●手帳（日頃から、愛用しましょう）
手帳もシンプルなものがおすすめ。最初に月ごとの予定表がまとめてあればOK。
大きさは、18㎝×13㎝の、B6版。100円ショップでも求められます。
この大きさの手帳の、1日の予定欄が、およそ3㎝×2.5㎝になっています。

●付箋
文具売り場に行くと、さまざまな付箋が並んでいて、あまりに可愛い

のでついフラフラと買ってしまいそうですが、今回は、●シンプル　●5〜6行書ける　●邪魔にならない大きさ
ということで、3cm×4cmがおすすめ。
手帳の予定欄の幅、3cmに合わせると、上下欄に出ないでピッタリとキレイに使えます。
【やり方】（さあ、明日は忙しいぞ!!という前の晩にします）。
❶TO－DOを書き込む
TO－DO　とはやらなければいけないこと。
あれやこれや、やらなければいけないことが、たくさんある日。
順番は意識しないで、全部付箋に書き出します。

・本送り
・プロフィール送り
・講演会資料送り
・介護保険（母）
・マイナンバー連絡
・美容院

私のある日の付箋です。

この日は仕事の関係、出かけたとき忘れずに済ます用事、母からの依頼、と、超多忙でした。

全部書きだします。

❷スケジュールのその日の欄に貼る。たとえば5月14日の欄に貼る。

❸終わったものから、チャッチャと線を引いて消してゆく。

たったこれだけのことですが、付箋には効果があります。

忙しかった今日一日の終わり、全部消せたら、最高に気持ちいいものです。

プチ達成感すら味わえます。これぞ小さな成功体験です。

やり残しても、次にやればいいことがわかっているので、気にしなくてスッキリ。

終わったら、剥がしてもいいですし、残しておいても邪魔にならず、参考記録になることもあります。

自分が役に立っている人間だと自分を認めることを、自己肯定感といいます。

もう少しやんわりと、自分のできる部分と未熟さも丸ごと認め受け入れてあげることを、自己受容感といいます

この、自己肯定感や、自己受容感を養うためには、小さな成功体験を積み上げることが大切とされています。

忙しい日常の中でも、工夫次第で、小さな成功体験を味わえる、手帳と付箋、おすすめです。

私は、毎日のスケジュールは、仕事とプライベートと色分けして書き込みます。今は2色だけですが、3人の子供の子育て中は、5色使いで工夫し、長男は青、次男は緑、娘は赤と分けて、わかりやすくしていました。3人が同時に受験を迎えた年は、手帳にはカラフルに、ぎっしりと予定が書き込まれました。中学、高校、大学の受験、夫の転勤、すべ

てを、手帳と付箋とカラーペンが応援してくれました。やりきった感は大いにありますね。

このように、付箋を使ったり、色分けしたり、手帳はあなたが刻んだ時間の記録。

この時間の積み重ねが、やがてあなたの人生になります。

● 視点ポイント　TO-DOリストで達成感
● 魔法の言葉　「終わった!!」と線で消す

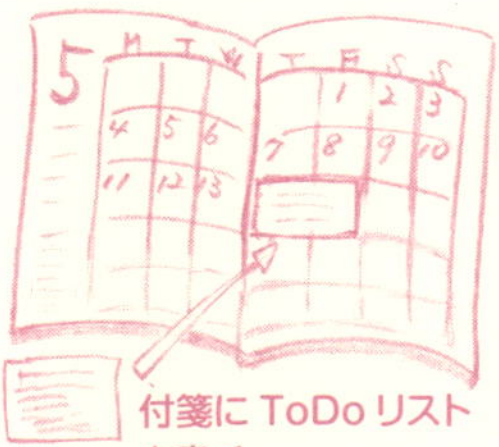

対人関係を解決する、価値観のフィルター
～「なるほどね」と認める

対人関係の悩みは、多くの人が抱える悩みです。

私たちは、たくさんの方とかかわりを持ちながら暮らしています。

あの人とは価値観が違うとか、あの人とは感性が違うとか、コミュニケーションが苦手で、人とかかわるのが煩わしいと感じるとき、我慢することもなく、イライラすることもなく、気持ちいい人間関係を保てたらいいですね。

それには、**魔法の言葉を使います。相手を認めるクッションの言葉「なるほどね」です。**

魔法の言葉「なるほどね」の使い方

自分のことを考えてみましょう。

考え方や、感性を否定されたらどんな気持ちですか？　嫌ですよね。

相手も、全く同じです。ですからまずは、承認します。

魔法の言葉『なるほどね』を使って、相手の考えを認めましょう。

マサツをさけるクッションの役目をしてくれます。

〝相手は、自分と違う見方をしており、自分と違う価値観を持っている〟。

大切なポイントは、それぞれに違って当たり前と考えること。これが基本中の基本になります。

勘違いしないでくださいね、我慢して、賛成することではありません。

「なるほどね」とは、「あなたの考えは、〇〇〇、ということなのですね。わかりましたよ」ということです。次に、**一呼吸おいて、3秒後に、**賛成なら、「私もそう思います」もし反対なら、「私は、××××と思いますよ」と言えば、いいのです。

《フィルター理論によると》

私たちは、価値観というフィルターを通して物を見ています。

決して、そこに在るものを、そのまま見ているわけではありません。気がついてはいないのですが、**自分オリジナルのフィルターを通して見ている**のです。

そして、そのフィルターは、一人一人違っていて、生まれて今に至るまで、環境によって作られ、培われてきた感性などによってできています。環境によって作られるという点では、性格と似ています。そのフィルターを通して、興味ある情報が目と脳に入ってくるのです。

このフィルターの存在を理解することで、ストレスを感じない対人関係を築くことができます。

たとえば、5歳の孫と私もすでに違います。孫と保育園に向かう途中、すれ違う車を見て「バアバ、アウディだ!!」「今、ベンツが通ったね」と教えてくれます。私は、金木犀の香りだ……と秋の訪れを感じていて、車には気がつきません。フィルターの違い、ビックリですね。「なるほどね～」と認めましょう。自然の移り変わりを感じる子にしなくては…

と焦らないことです。

今度は、我が家のドラマを見ながらの会話です。

妻「瀬戸大橋だって、いい景色だね……今度行ってみたいね……」
夫「瀬戸内は、新鮮な魚がうまいじゃないか!!……」
妻「尾道は、お寺から見える景色もステキだし、福山は、駅から目の前にお城が見えるらしいよ、〝お城に一番近い駅〟なんかいいよね……鞆の浦もその美しさに仙人が酔ったといわれる仙酔島も、絶景らしいよ……」
夫「そういえば、鞆の浦には、江戸時代から伝わる保命酒というお酒があって、なんでも開国のため来航した、あのペリーをおもてなししたお酒らしいよ、呑んでみたいねぇ……」

同じテレビ番組を見ても、夫と妻のフィルターは、滑稽なほど違っていますね。

夫のフィルターは、旅の楽しみはおいしいお酒と肴、一方妻はきれいな景色。

お互い、フィルターはこんなにも違いますが、違って当たり前。

心の中で、「なるほどね」と思いながら、フィルターの違いを熟知しながら、摩擦の起きない会話です。

また、**人はどんなとき怒るのかもフィルター理論で説明できます。**普段は、自分と人は、それぞれ違うものの見方や考え方があると理解しています。
ところが、気持ちに余裕がなくなると自分のフィルターだけが、正しいと思ってしまうわけです。その結果、
自分の考えが常識だ、自分の行動が普通だ、と考えがちになってしまいます。自分と違うところがあると、〝イラッ！〟〝カチッ！〟あの人とは価値観が違うとか、あの人は苦手と思ってしまい、怒りが爆発してし

まいます。そのうえ、**悪い対人関係のスパイラルに落ち込んでしまいます。**

さらに、この**フィルターの大きさは人によっても違います。**怒りっぽい人には、小さくて、心の許容範囲が狭く、すぐに目詰まりを起こします。反対に、人の話を、ヘェー！　ホー！と感心しながら聞いてくれるような人は大きいのです。最近、イライラしなくなったなあと感じられたら、それはフィルターが大きくなっているからです。きっと幸せもたくさん見つかってますよね。

人は、10人10色、１００人１００色。みんな違ってみんないい。人間とは、面白いものです。そして人間関係とは深く味わいのあるものですよ。

●視点ポイント　10人10色、みんな違ってみんないい
●魔法の言葉　相手を認める魔法の言葉「なるほどね」

失敗の克服、セレンディピティ
～別のメガネで見直す

仕事でも、日常生活でも、〝失敗〟しない人はいませんが、〝失敗〟したとき、どうとらえるかがポイントです。

失敗して、落ち込んで、自信をなくしてはいけません。

むしろ、このタイミングこそが、あらたな発見のチャンスかも知れません。

特に、自然科学の分野では、失敗の中から、たくさんの発明や発見がなされ、ノーベル賞に結びついたものもあります。

いち押しの立ち直り法は、**失敗した時は、〝別のメガネで見直す〟という方法**をお話しします。

別のメガネで見る

〝別のメガネ〟とは、そのものの特徴を別の角度から見直すことと思ってください。

　メガネをかけ替えると、同じものの印象が、全く違って見えます。「失敗した」と思った時、別のメガネで見たらどうなるかしら？　と試してみましょう。

　反対から見るとどう見える？　裏から見るとどうなる？　下から見ると？　上から見ると？　切ってみたら？　内側はどうなってる？　もっと離れてみたら？　拡大してみたら？　……思いがけない発見があるかもしれません。

ふとした偶然をきっかけに、幸運をつかみとることをセレンディピティ

と言います。この言葉は、ビジネス、科学、教育など、たくさんの分野で注目されています。

《脳科学者の茂木先生によれば》

偶然の幸運に出会うことをセレンディピティといい、そのためには、知識や経験をつんでおかないと、セレンディピティだと気づきません。気づいて、新しい価値観を受け入れることが大切、とのべておられます。

セレンディピティとして、とても有名な例に、ポストイットがあげられます。

これはアメリカの化学メーカーの失敗産物のおかげなのです。

強力接着剤を開発中に失敗して、弱い接着剤＝失敗産物ができてしまいました。〝弱い接着力を活かす方法は？〟と〝別のメガネ〟でさがしつづけてたどり着いたアイデアが、付箋にこのノリをつけてみる、ということでした。結果は大好評。

やがてポスト・イットとして世界中に広まり、現在では100カ国以上で販売されて、文具売り場では、なくてはならないアイテムとなっています。

私の大きな失敗は、前述のように突発性難聴になってしまったことです。

夢が実現できると、はりきって「たおるマジック®」を執筆しているとき、突然難聴に……。治りません。

すぐには受け入れがたい大きなショックでした。

いままで、薬剤師やコーチングは、まずじっくり聴いてその後話すという立場でした。難聴になってしまったので、聴くことは、とてもストレスになり、仕事を続けることが難しくなりました。

そのときにやったことは、〝別のメガネで見る〟です。

「聴く側」ではなく、「話す側」に立ったとき私はどんなことができるのか、今までやってきたことを考えてみました。

「たおるマジック®」を使って話せることは？　お母さんたちに向けた子育て講座とか、ＰＴＡでコミュニケーション講座、高齢者向けの脳活性講座も、喜ばれると思いました。

教育講演にして、タオルでぬいぐるみを作ることで、命の大切さを感じられる講演はどうかなあ、薬剤師の知識も盛り込んで、心と身体の健康講座というのも、いいかも知れない……。

などと、思いつくことができました。

はじめは、公民館などで、無料のボランティア講座を開いていましたが、その活動は口コミで広がり新聞や、ＮＨＫテレビなどから出演の依頼をいただくようになりました。

これぞまさに、セレンディピティです。薬剤師では、思いもかけなかったうれしいことをつぎつぎと経験できています。

せっかく講師になるなら、〝指名される講師になろう〟と目標をかかげ、タイトルや、話の組み立て方などを学ぶために、大阪や、福岡まででかけました。
受講生（講師の卵）は、若い人が多く、そんな中で、第二の人生のスタートは、年齢とハンディを持っている分、さすがにちょっぴり勇気とエネルギーがいることでしたが、夢に向かって、ＧＯ‼　そして今があります。

セレンディピティは、あきらめない人にだけやってきます。

●視点ポイント　失敗したときこそ、〝ポジティブ〟のチャンス。
●魔法の言葉　「見方を変えるとどうなる？」

失敗からのスタート法は、他の方法もあります。おすすめを2例紹介しておきます。

言葉が人生を変える

〝失敗〟したと考えずに、〝経験〟したと考えて、言葉もそのように使います。


発明王エジソンは、白熱電球のフィラメントの研究で、京都の竹の発見にたどり着いたとき、

「わたしは、今までに、1度も失敗をしたことがない。電球が光らないという発見を、今まで2万回したのだ」

と名言を残しています。

未来質問で考える

失敗したときや上手くいかなかったとき、人は失敗の原因を究明しようとします。

「なぜ、うまくいかなかったのだろう……?」、「どうして、失敗してしまったんだろう……」と自分に問いかけます。実は、この時の「なぜ」

からは決して明るい答えは見いだせません。「なぜ」は別名「詰問」といわれています。では、どうすればいいのでしょう？

こんなときは、〝未来質問〟をします。未来に向けてたずねるのです。

「次回どうすれば、失敗しないか？」

今度はどうすればよいかと、工夫できるアイデアが、どんどん引き出せます。

〝失敗したら未来質問で〟ぜひ使ってみてください。

2

未来に不安をいだくとき
将来に希望が持てます。
実現したい夢や、未来像の描き方を伝えます。

大吉ゲットの知恵袋
～幸運を引き寄せる

自分の将来について、どんな感じを持っていますか？

経済も先行き不安定だし……、健康面も心配だし……、と、なんとなく不安を感じている人にお教えします。

〝引き寄せの法則〟によると「未来はきっとよくなると信じると、よい運を引き寄せる」といわれています。それなら信じて「自分は運がいいので、将来もきっとよくなる……!!」と思うことにしよう!!　そうきめたら、早速行動に移します。

「自分は運がいいのだ!!」と確信が持てるように、レッツゴー!!　です。

神社にお詣りし、おみくじを引きましょう。

「大吉」を引いて、財布に入れて３６５日を大吉

君と一緒に暮らしましょう。

毎日財布を開けるたびに、（私は運がいいのだ!!）と思えます。

これぞ大吉パワーです。

でも、いったいどうすれば毎回大吉を引けるのでしょう。

お詣りするたび、大吉を引くなんて運がいいんだな、と思いましたか？

これから大吉を引く〝幸運ゲットの知恵袋〟お教えいたします。

公開～大吉ゲットの知恵袋

実は「おみくじ」を引くスタイルに運の分かれ道がひそんでいるのです。

「どうぞ、運がよくなりますように……」と念じて引く。

でも、小吉が出たら「ああそうなのね……」。凶が出たら「ああやっぱりダメかそうなのね……」と思い込むのはダメです。もったいない、もったいない。これこそ、運が悪い人の行動パターンに陥っています。

「運をよくしようと思ったら、**〝引き寄せの法則〟**にそって、運は自分で引き寄せるように行動する」ことです。
そうです、大吉が出るまで何度でもチャレンジしましょう。
チャレンジして「大吉」を引きあてましょう。
幸運の意識をもちかえることが大事です。
わっはっはっと笑いながら、「大吉パワー」に期待してみましょう。

私は、引き寄せの法則を知って以来、毎年お正月には、おみくじをひいて大吉をゲットして、大吉と一緒に暮らしています。かれこれ、20年になりましょうか、おかげで、いつもニコニコ笑って暮らせています。
1年の計は、元旦にあり、です。

《心理学者ワイズマンによると》
ワイズマン博士は、約10年にわたり数百人を対象にして、運に関する実験をして論文を発表しました。それによると、運のいい人と運の悪い人の差は、生まれながらではなく、**4つの行動習慣（ラックファクター）**

の違いによるもの。さらにその習慣を直すと運の悪い人も、運がよくなった、という驚くような内容です。その中の1つ目にあげられているのが、**「私の未来はきっとよくなる」と未来を信じること。**

残り3つが気になる方は、本書でも伝えていますが『運のいい人・悪い人』（ワイズマン著）を読んでみましょう。

良い運は、行動習慣で引き寄せられます。

科学的に証明された、うれしくなる、幸運の法則です。

さあ!! 未来に向かって、1歩を踏み出しましょう。

●視点ポイント　引き寄せの法則

●魔法の言葉　「これからもきっとよくなる」

チャンスの神様

～チャンスは、まずつかむ

友だちはチャンスに恵まれていて、いいなあ……。どうしたら、自分もチャンスがくるのかなあ……。

と想いながら、のんびり待っている人はいませんか？

チャンスは、待っていたのではやってきませんよ。チャンスについて、よく知ったうえで、自らつかみに行かなくては……。**チャンスは、まず〝これがチャンスだ〟と気づくこと、次に勇気を出してつかむこと。**

では、〝チャンスの神様〟について語られている、ギリシャ神話をお話しします。

ギリシャ神話によると、ギリシャ神話の中には、時の神様が2人います。

1人は、過去から未来と流れる時間の神様でクロノスといいます。もう1人は、カイロスといって、時刻、一瞬の時間、チャンスをつかさどる神様です。

チャンスの神様、カイロスは、すべての人に分け隔てなく平等に、人生のうち3度、目の前にあらわれます。

背が高くガッチリ系の美少年の神様。特徴は、前髪が3本しかないということです。

あるとき、背の高いハンサムなカイロスが向こうからやってきています。

「あっ、これはもしかしてチャンスかもしれない」と気づけますか?

気づいたら、近づいて来ている間にそのチャンスの前髪を、つかみましょう。

あらかじめ助走するなり思いっきりジャンプするなり、かなりの勇気とエネルギーを要するわけですね。それでも、頑張って、前髪をつかみましょう。

それとも、「今は時間がないから、今はお金がないから、もう少し待てよ……」と慎重に観察しますか？

モタモタしたり、もうちょっと様子を見てからにしようとしている間に、チャンスの神様は、クルリと向きをかえてスタスタと遠ざかっていきます。その去っていく後ろ姿を追いかけながら「しまった、さっきの人はチャンスの神様だったんだ」と気がついてももう遅い。チャンスの神様の後頭部はツルツルなのです……。


チャンスをつかむとは「チャンスがやってきたときに、この前髪をタイミングよく、勇気を出して、ガッチリつかまなくてはならない。後で後悔しても、遅いですよ」という教えです。

私の夢の10か条を書く

チャンスをつかむためのポイントはまず自分にとって何がチャンスか

を知ることです。

「どうなりたいのか？　何をしたいのか？　叶えたい夢は何なのか？……」

など思ってみましょう。

あまり考えたことがなかった方は、宝くじに当たったとして、「もし、1か月お休みがとれて、自由に使えるお金が1000万円あったら、どうしたい？」なんて、マイドリームをふくらませるとワクワクしませんか？

＜**注意!!**＞この宝くじ発想法では、〝貯金する〟はナシです。そんなことしていたら、チャンスの神様は、後ろを向いて去っていきますよ!!

夢が浮かんだら、さっそく、**〝私の夢の10か条〟を書きましょう。**

タイトルを、〃私の夢の10か条〃とつけ、箇条書きに、10個の夢を書きます。

小さな夢、大きな夢、なんでもいいです。何年かかってでもいいですから、やりたいこと、行きたいところ、チャレンジしたい資格、なりたい姿など、書いていきます。

ただ、早く実現しようと思ったら、書き方にコツがあります。

《成功哲学によると》

目標を達成するためには、**SMARTの法則があります。大切なポイントは、❶具体的に書く ❷数字を入れる ❸期限を決める です。**できるだけこのポイントを意識しながら10個書いてみましょう。

たとえば、「ダイエットをする」よりも、「子供の結婚式があるから、半年かけて3キロ落とす」とか、「のんびりと旅行がしたい」よりも「退職したら、2週間かけて、北海道旅行をする」と、具体的に書くと、自分でも、何となく、書いたことを覚えているものです。

私は、〝夢の10か条〟を20年前から、書いています。

お正月に、実現したい夢を、夢シートに10個書きます。

そして、今でも、持っています。

時々見返します。

20年前には、人に影響を与えられるすてきな女性になりたいと書いていました。

15年前には、本を書きたい、と書いていました。

10年前には、本を出版し、講師になりました。そして〝夢は、指名される講師になりたい〟と変わりました

描いていた夢が具体的になり、ひとつひとつ実現しています。

夢の10か条シートのパワーは、絶大です。

受講生の全員に、勧めています。

たった1度の人生、自分の人生の使命に気づいて、輝いてほしいから……。

わたしは、2年前に日本笑い学会で、タイミングよく春陽堂の永安さんと出会いました。

そして3冊目となるこの本を出版するというチャンスをつかむことができました。

次の夢は、タオルと輪ゴムの創作アート「たおるマジック®」の第2弾を出すことです。

子育てにも、脳活性化にも使えるこのアートを、たくさんの方に教えてあげたいと思っています。

●視点ポイント　チャンスの神様は前髪だけ
●魔法の言葉　「まず、やってみる」

夢のアンテナ
～未来像を描く

子供のころ「大きくなったら何になりたい？　夢は何ですか？」と聞かれると、ちゃんと答えていました。

ところが、大人になると、「毎日、一生懸命に仕事をこなすことで精いっぱいです。夢を見ている余裕なんてありません……」という方も多いようです。

一方、「夢を描くと、叶えられます」自己啓発書の中でも、成功哲学書でも、ビジネス書でも、スピリチュアル書でも、たくさんのジャンルで語られていることです。ならば、少し、自分の夢に目を向けてみませんか？　少しとは、5分間です。〝**5分間イメージ法**〟を試してみましょう。

5分間イメージ法

最初の1分は、自律神経をととのえます。

背筋を伸ばして、椅子にすわります。肩の力を抜いて、深く、ゆっくりと腹式呼吸を繰り返します。臍《へそ》下3センチのツボ、丹田《たんでん》に意識をむけ、深呼吸を繰り返すと、自律神経がととのって、リラックスした気持ちになれます。

次に、静かに目をつむって、3分間くらいかけて、心の中で、次のような問いを投げかけながら、自分のことに向きあい思いを巡らせましょう。

幸せを感じたり、充実感を感じるのは、どんなとき？
こだわっていることは何？
どんな人になりたい？

いかがですか？　気持ちいい映像や情景が浮かんできましたか？　も

ういいかな、と思ったら、目をあけましょう……たぶん2～3分くらいたっているでしょう。

リラックスして浮かんできたイメージ図、それがあなたの〝未来像〟です。

すこしピンと来なくて照れくさいかもしれませんが、あなたの〝なりたい来来像〟です。

これを、覚えておきましょう。〝なりたい未来像をかっこよく〝**私の未来像**〟と呼びましょうか。

そして、次が、大切なワークです。私の未来像を、忘れないためのワークをします。これは、休みの日などに時間をかけて取り組みましょう。

浮かんできた映像を、〝**見える化**〟します。本や、雑誌や、パンフレットや、パソコンのイラスト、たくさんの中から見つけだし

私の未来像
（実現した笑顔を中央に貼る）

て、切り取ります。それをＡ３のコルクボードにペタペタ貼って、〝私の未来像〟を完成させます。そして、よく見えるところに置いて完成です。

わたしも、以前、勉強会に参加して2時間かけて〝私の未来像〟をつくりました。Ａ３のコルクボードに自分の理想のすがたを、切り抜いて貼り、リビングに飾っています。わたしにとって、夢の10か条は言葉で、〝未来像〟は映像で表した感じで、進むべき方向の指針になっています。

《コーチング理論によると》

イメージを具体化して、心の中に、映像を思い浮かべることを、ビジュアライズといいます。

未来のイメージを、はっきりと映像として描けると、未来に向けて、どんな方向に進めばいいのか、動機を持つことができます。また、映像として入った情報は、脳の潜在意識に残り、情報の取捨選択に影響をおよぼしやすいといわれています。

現在、私たちの周りに、情報はあふれています。

むしろ、あふれすぎていて、大洪水が起きている感もあります。多すぎて、気がつくのも難しいぐらいです。

ところが、〝チャンス〟が明確になれば、不思議なことが起きてくるようになります。

頭の中の〝夢のアンテナ〟が、ピッとたちあがり、スルスルとのびて、〝夢の周波数〟を発信しはじめます。

すると、それに同調するように、必要な情報がたくさん集まってくるようになります。

まるで、**チャンスの感度が良好になったように感じられます。**

シンクロニシティ（心理学者ユングが唱える＝共鳴とか、同時性とか、意味のある一致がどんどん起こる現象）が、自分の周りに、どんどん起きてきます。

ついに、幸運のスパイラルが起こりはじめます。不思議な出会いや、チャンスに恵まれ、夢がつぎつぎに叶い、理想としていた自分に近づいていけます。


人生は一度だけ。

自分らしい人生の未来像を描いて、日々を重ねていけるということは、とても幸せな人生だと思います。

〝人生というドラマの主人公はあなたです〟

●視点ポイント　私の未来像
●魔法の言葉　「どうなりたい？」

3
スペシャル処方～
みんな笑顔になれる万能秘伝薬「たおるマジック®」

30年前、子供たちのために閃いた、〝タオルぬいぐるみ〟。
これは、どうしてもたくさんの人に教えてあげたいと思い、
「たおるマジック®」という本を出版したのは、2006年。

10年を経て、何万の、何十万の人が笑顔になれたでしょうか……。

NHKテレビをはじめ、多くの民放、ラジオ、新聞、雑誌、本などさまざまなメディアで紹介されています。
参加者160万人といわれている広島最大のフラワーフェスティバルや、子どもフェスティバル、今治タオル祭りなど、イベント、お祭り、RTA講演会、健康県大会　老人大会　コミュニケーション学会……出会いは数えきれません。

この本を通して、今日は、あなたにも「たおるマジック®」をお届けします。

「たおるマジック®」
～タオルに命を吹き込む

いつでも、どこでもトライできて、誰もがみんな笑顔になれる、そんなスペシャル処方をお教えします。

タオルと輪ゴムの創作アート～「たおるマジック®」は、タオルを丸めて、輪ゴムで留めるだけであっという間に、ほんの2～3分もあれば、小鳥や、犬などのマスコットが生まれるアートです。

30年前、子育て中に閃き、旅行中に手持ちタオルからウサギさんが生まれました。

子供たちの喜びように感激し、ほどなくイヌさんや、コトリさんが生まれ、だんだん仲間が増えて、その数１００種を超えました。

「たおるマジック®」出版をきっかけに、たくさんのマスコミでもご紹介いただいています。

子供も、大人も、器用な人も、不器用な人も、手作りなんかまったく興味ない人も……大丈夫。あなたも一度作ってみませんか。思わず、幸せ笑顔になれるスペシャルな処方です。

では、簡単にできて、人気ナンバーワンのコトリちゃんを一緒に作りましょう。

【材料】

ハンドタオル1枚　(正方形であれば、大きさは自由。模様があっても大丈夫)

輪ゴム　2本

目のシール　(マジックで書いてもいい)

〈 コトリちゃんの作り方 〉

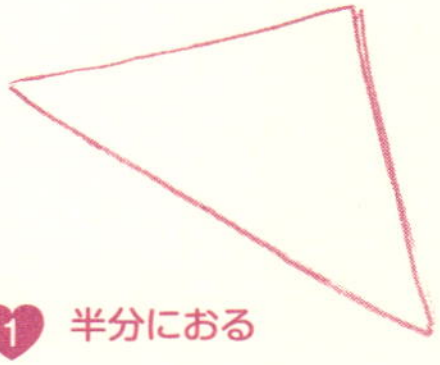

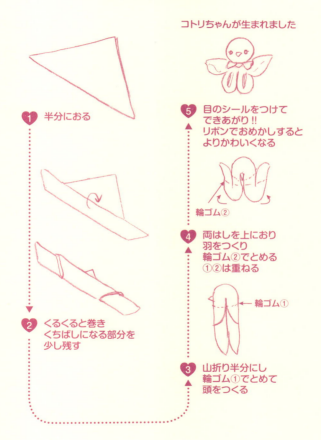

1 半分におる

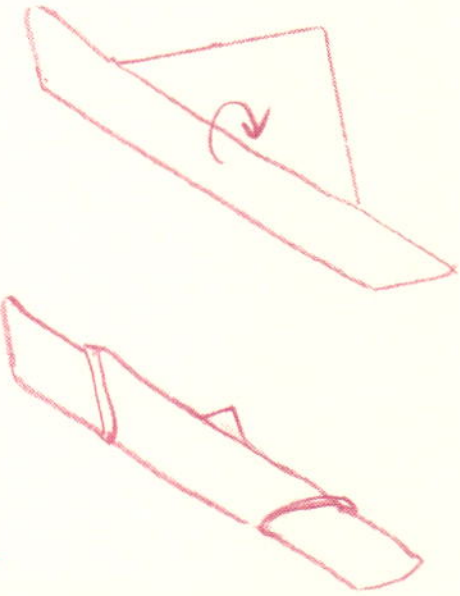

2 くるくると巻き
くちばしになる部分を
少し残す

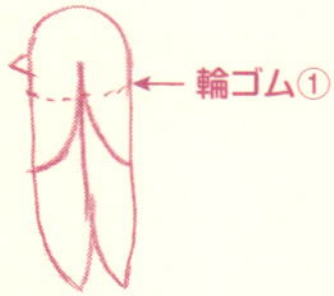

3 山折り半分にし
輪ゴム①でとめて
頭をつくる

4 両はしを上におり
羽をつくり
輪ゴム②でとめる
①②は重ねる

5 目のシールをつけて
できあがり !!
リボンでおめかしすると
よりかわいくなる

コトリちゃんが生まれました

《効能効果》

いかがでしたか、生まれたコトリちゃん、愛らしいでしょ!!

生まれたとき、胸が、キュンとなりましたか?――――幸せホルモンがほとばしり出た瞬間です。

コトリちゃんが生まれたときの胸キュン感は、あなたが生まれたときの家族の感動や、喜びに似ています。――――命誕生の感動が体験できたのですよ!! 自己肯定感が高くなりますね。

私の講演の中では、参加されている方全員で「たおるマジック®」を作ります。みんなで一緒に作ると、コトリちゃんが生まれた瞬間、会場はいつも大変なことになるのです。笑い声と歓喜でワイワイガヤガヤ……幸せ空気が沸き起こり、あふれ出してしまうからです!!

またマスコットは、ギフトとしてプレゼントすると喜ばれ、さらに作り方を教えてあげると喜ばれ、とにかく喜びの連鎖が起きてしまう、スペシャルな処方です。

大きなハンドタオルだけでなく、フェイスタオルやバスタオルで作ると、クマさんや、ウサギさんは、抱っこできる30センチぐらいになり、お見舞いや、ウエディングのウエルカムドールとしても大人気です。
詳しくは、『こころとこころをやさしく結ぶ　たおるマジック』（ハッピィハーツ出版）をご覧ください。

心と命を吹き込まれたマスコットは、ギフトに、インテリアにと活用は、あなた次第で無限大に広げられますよ。「たおるマジック®」タオルと輪ゴムから生まれる不思議な世界の魅力に触れてみませんか。

〈コトリちゃんアレンジの例〉

ウェディングケーキ

おひな祭り

おわりに

人は幸せになるために生まれてきました。
ですから、あなたの周りにもたくさんの幸せが散りばめられています。
あとはあなたがそれを〝見つける〟だけ!!
どうぞ、溢れるほどの幸せを見つけてください。

私（広島在住）も『10年前の未来像』が現実になっています。
空は青く眩さを増した春の光が降り注ぎ、東京タワー、スカイツリー、レインボーブリッジの一大パノラマが広がる夢のような景色の中で、この文章を最高の幸せを感じながら書いています。

最後に、この本の出版にあたり、何度も打合せを重ねてサポートいただいた春陽堂の永安浩美様に心よりお礼申し上げます。

２０１７年　早春

こころのビタミン講座
“幸せみつけ”17の処方箋

2017年４月25日　初版第１刷　発行

著　者　　占部　千代子
発行者　　和田　佐知子
発行所　　株式会社　春陽堂書店
〒103-0027 東京都中央区日本橋3-4-16
電話　03-3271-0051
URL　http://www.shun-yo-do.co.jp
印刷製本　恵友印刷株式会社

乱丁本・落丁本はお取替えいたします。
ISBN978-4-394-90329-1 C0095